Kolofon
©Mathias Jansson (2016)
"Icktjärn-sviten och andra minnesfragment"
ISBN: 978-91-86915-30-8

Utgiven av:

 "jag behöver inget förlag"
c/o Mathias Jansson
Tvärvägen 23
232 52 Åkarp
http://mathiasjansson72.blogspot.se/

Tryckt: Lulu.com

Icktjärn-sviten

I

Fiskekortets tunna lapp
tolvtimmarfristen för att fånga
tre önskningar ur tjärnens mörka brunn
med ett magiskt met-, kast-, eller flugspö
drömmen att innan nattens slut
håva in regnbågsskatten
fånga glänsande öringar
skymta ryggfenan i tjärnens djup
av den mytomspunna rödingen.

II

Vi slingrar oss uppåt genom skogen
längs den tjälskottsnötta vägen
tills vildmarkens ensamhet tar vid
ur kofferten plockar vi spön, maskburk och matsäck
byter skor mot gummistövlar
känner hur tystnaden fyller våra lungor.

III

Under spångens gungande gång
smyger sig lukten av myr
bakom tallarnas barkeld
det mörka ögat täckt av gröna skogsbryn

En blinkning får oss att stanna till
vi väntar, studerar ytan
ser hur kusarna krusar ytan
med sina långa ben
och med tunna vingar
vinglar förbi sin egen spegelbild
allt är stilla, allt är tyst
med myren klafsande kring stövelskaften
fortsätter vi in i John Bauers värld.

IV

På udden ligger ett grovyxat vindskjul
ett svart galler över en förkolnad eld
och bryggans tunga täckt av en grå beläggning
vi kastar ut och låter spöna stå
inkilade mellan bräderna

Solen vill aldrig gå ner
myggen slösurrar kring örat
trollsländorna står blixtstilla
sockerbiten i munnen
smälter av varmt kokkaffe
och limpskivan luktar prickekorv

Då plötsligt sticker flötet
sjunker rakt ner i djupet
linan stramar, spöet spänner
och förtrollningen är bruten.

Bastudrömmar

Pinnstolen står mitt ute i snön
den nakna kroppen ångar i kylan
sakta kryper kylan upp längs fötterna
sprider sig från stolens säte till stjärten

Stjärnorna skimrar så otroligt klara
hänger stilla i mörkret
orörliga som knappnålshuvuden i sammet
det dova mullret i fjärran
isbrytaren som bryter rännan
genom den svarta januarinatten

Jag reser mig stel av kyla
vandrar tillbaka genom snön
in i bastuns förrum
häller upp ett glas isländsk vodka
känner hur magmakulan
rinner ner i buken
hur värmen från lavaströmmen
sprider sig i kroppens tunnlar

Jag sträcker handen ner i kylboxen
plockar upp en kall öl
stiger in i bastuns dimmiga drömmar

Söker mig upp mot värmen
in i hörnet, högst upp på laven
kastar en skopa nysnö
över den sprakande härden
ett moln av ånga
en het vägg av dimma
stiger som febriga syner ur mitt sinne

medan ölen svalkande rinner i mitt inre

Min far, min farfar, min farfars far
generationer efter generation
sitter på laven bakom mig

I bastukaminen dansar lågorna
årsringarna brinner, glöder och försvinner
rinner som aska genom tidens galler
hettan driver mig än en gång ut i natten
pungen drar ihop sig i kylan
med varm ångande urin
skriver jag i skaren
för evigheten och tystnaden
för alla som gitter att lyssna
YOLO.

Flätor

Det är historien som gör oss stora

en broderad bonad över sängen

kaffet bränner ännu på tungan

Kokkaffe
kaffepannans
svarta botten
sotad
av vitskinnad björkved

I luften
en dömd fluga
kedjad vid glaset
ett ilsket surrande
som mäter sig med klockans
tunga andetag

Sakta rinner tidens
våta timmar
längs med fönsterrutan

Patientens patiens vill inte gå ut

Kaffet har torkat
längs bottens spruckna rand

Det är historien som gör oss stora

och mörkret som omsluter oss

...

Värmeelementet glöder
vidgar den dallrande drömmen

Kylan kryper in
genom fodrets bristningar

Längs den yttre träpanelen
klöser klorna
det är ekorren
som jagar sin svans
runt huset
täckt med stjärnor

Mitt i natten
knäcks en grangren
av kylan
av tyngden
och lämnar efter sig
ett avtryck i historien
en reva i tystnaden

På morgon
ser jag att

en älg
stått och glott in i väggen
och vid fågelbordet
ligger ekorren
stel och död

I söndagstidningens korsord
är det tre rutor
för liv

Vågen har torkat
skeppet har gått på grund
i tiden
den har alltid hängt
där på väggen

Jag vrider radion
fångar några dragspelstoner
ett svagt knastrande
månsken över Ångemanälven
isen ligger ännu metertjock
lång därnere
vilar kanske våren

Jag tar ett glas
klart
starkt

som en solstråle
lutad mot väggen
när snön smälter

Långt nere under täckena
och filtarna
känner jag livet
som en svag doft
av svett.

Skidturen

Skaren ligger tunn i skidspåret
skidan glider över den krispiga ytan
staven skär sig genom istäcket
ett strössel av gröna barr
glider omkring på ishinnan

Jag stannar och luktar vinden
hör suset genom granskogen
den där lukten av nalkande vår
vändningen när nollan på termometern
balanserar på strecket
när skogen släpper ifrån sig en suck
med doft av nalkande vår

Den tunga vinden drar genom skogen
kall och varm på samma gång
de snötunga granarna
vakna ur sin vinterdvala
sprätter upp mot solen
kastar av sig vinterns täcke
blottar sina gröna underkläder.

Jag minns smaken...

Jag minns smaken av snöflingor
stora, tunga från den mörka himlen
smältande på tungan

Jag minns vårens våta istappar
smaken av droppande halka
bruten från taknocken

Jag minns de dyvåta vantarna
smaken av smältpölar
med knastrande grus
mellan tänderna

Jag minns det första vårregnet
strilande över ansiktets landskap
med en svalkande känsla i mungipan.

Ödskurvan

Hårnålskurvan som slickade
bergväggen
stupet ner mot älven
på andra sidan
den återkommande drömmen
barndomens hemsökelser
den parkerade bilen
som sakta börjar rulla
över kanten
som sakta sjunker ner i djupet
det svettiga uppvaknandet
i sängen.

Syrenberså

Jag sitter i en ring av lila och grönt
från häckmuren hänger
blomsterklassarna som vindruvstappar
än når inte mina fötter ner
till den mossklädda marken

Min värld är två vita stolar, ett bord
ett isbitklirrande saftglas
några smuliga mariekex
och en fluga som sällskap
jag märker ännu inte
hur skuggorna sträcker sig
genom bersåns väggar.

Ekot

Stenen studsar runt i det rostiga röret
ljudvågorna skramlar runt
i den mörka tombolan
kolliderar med tystnadens atomer
ljudet rör sig allt långsammare
slipas ner till enstaka stavelser
men i mina öron har de höga
frekvenserna gått vilse
ett ringande eko gör mig sällskap
hela vägen hem.

Isfiske

Sparken glider
över den ojämna vårisen
medarna sjunger i solen
och borren, pirken och kaffetermosen
är lastad på sitsen

Borren skivar isspån
gräver sig ner i det tjocka isgolvet
skapa ett halvmeter långt periskop
innan den tunna hinnan brister
och vattenpelaren
svämmar över skorna

Isen dånar dovt under mina fötter
sträcker på sig i sömnen
om några veckor
kommer den att lämna sin vinterdvala

I sågspånet krälar maggoten
små bruna, röda och vita
vrider de sig på kroken
försvinner ner i mörkret
tillsammans med blänket

Långt ner under isen
dansar pirken piruett
lockar med sina kryp
och pimpelspöets känsliga spröt

17

vibrerar, darrar osäkert
innan det plötsligt rycker till
och ur isperiskopets öga
tittar en storögd abborre
förvånat upp.

Gemenskap

Min far som bastar
med bror och jag
några öl och en jäger
och en skopa vatten

Värmen väller över oss
i tystnaden sitter vi och tänker
helt ensamma i gemenskapen
vi behöver inte säga nåt
vi vet redan vad vi tänker
vi behöver inte fråga nåt
vi vet redan allt som vi vet
vi behöver bara sitta
en stund ensamma
här tillsammans

Efteråt står vi vid stranden
ångar i den kalla luften
känner tystnaden
stillheten inombords
som en djup tjärn i själen
ligger släktbanden.

Lingon

Står där i gången
med handen kring
den runda glasburken på hyllan
ICA:s rårörda lingon
gott till potatisbullar och köttbullar

Tänker på hur min farfar
rodde över älven
den långa sträckan
ända bort till Littanön
satt på stenhällen
åt sin ostmacka
drack sitt kaffe på bit
rodde tillbaka på kvällen
med spannarna fulla av lingon

Här står jag med en burk
rårörda lingon
i min närbutik
smakar de lika gott
utan en dags slit?

Det sitter i en

Man kan inte komma från det
blåleran som sitter kvar mellan tårna
från barndomens bad i älven
när fötterna sjönk ner i bottenleran
det svarta som sitter kvar under naglarna
från all de gånger man grävde i maskhögen
eller sulfatdoften i näsborrarna
när det blåste från fabriken
eller den ständiga tinnitusen
från granarnas brus

Man kan inte komma från det
det reflexmässiga rycket i armen
när flötet dök i djupet
eller rysningen längs ryggraden
när snön smälte i nacken

Man kan inte komma från det
älvsvattnet som döpte en
vinterkylan som härdade en
tystnaden som ännu ekar i själen
det liksom sitter i en.

De gamla fotografierna

Hoppbacken på Ödsberget
känns så absurd
som från en annan värld
och de stora båtarna
från fjärran länder
som ligger tätt packade
och lastar av barlast
ute vid Grusholmen
känns så avlägset långt borta

Färgerna på fotografierna har runnit av
de svart-vita bilderna ligger glömda
i ett dammigt fotoalbum
det är glesare mellan husen inne i stan
åkermarken är ännu obebodd
men ändå känns det tätare
mellan människorna
som om hela bygden
fortfarande sjuder av liv.

Dragrodd

Dropparna från årorna
faller som pärlhalsband
mot molnens spegelyta

Spöet sträcker sig i en båge
linan försvinner ner i djupet
i slutet av tafsen vickar wobblern

Vi ror längs sjögräset
de gröna stråna
vaggar i strömmen
på kanten till bråddjupet

En tärna svävar över älven
störtdyker ner
snappar en silverlöja i farten

Det är stilla
årklykornas taktfasta knirrande
och båtens svallvågor
är det enda tecknen
på att tavlan är levande.

Saltlake

Under trälocket har det frusit
några varv med borren
några skopor med issörja
så är det åter klart

Lovikavanten greppar ståltråden
det tunna känselsprötet
försvinner ner i hålet
rotar runt i det okända
tills den krokar fast linan

Den blå nylonlinan
stretar tungt emot
saxen har slagit igen
fångat laken i sitt grepp
på isen ligger den och vrider sig

I kväll får den vila i kallskafferiet
nedbäddad i ett emaljfat
ligga och dra sig
under salttäcket
till morgondagens middag.

Tatueringen

Vi hängde min bror och jag
på min farfars armar
de muskulösa armarna
som sågat kubikmeter
efter kubikmeter med ved

På armen ett blått skepp
en brigg med fulla segel
precis som oljemålningen
över sängen

Kanske var det samma skepp som seglade
med farfar över Atlanten till Amerika
eller som han tog till expeditionen på Grönland?

Jag minns historien om de två männen i USA
som hade rakat var sin sida av skallen och mustaschen
så de fick en frisyr
när de gick bredvid varann

Men jag hörde också om svält
långa arbetsdagar i Kanadas skogar
som nog inte var så roliga
men all historier bli bättre
förbättras av tiden
kanske också de som jag skriver.

Barkmaskinen

Barkmaskinen - brunröd av rost
låg förtöjd vid stenen
där måsarna alltid byggde bo
när spolades den upp på vår strand?

Var det en höststorm
lika stark som den
som fick vattnet att stiga
ända upp till farfars sjöbod

Dagen då stranden var ett kaotiskt myller
av skum, bark, skräp och stockar
när vågorna piskade över stenen
som de aldrig gjort förut
och älven var en upprörd församling
av skränande vita gäss

Var det en sån dag som du lade till
vid min barndoms strand?

Midsommar

Ingen ville sova när natt var dag
och midsommarljuset fyllde
ängens blomsterhav

Vi plockade midsommarbuketter
sju blommor i rad
blåklocka, prästkrage, rödklöver
styvmorsviol, smörblomma, blåklint
och midsommarblomster

Men för varje år som gick
tog slyn ett steg framåt
sträckte sin täta skugga
för att slutligen släcka
midsommarnattens ljus

Längs dikesrenen spred sig pionerna
som rallarrosen följde de
i civilisationens spår
gamla bekanta som
renfana och hundkäx
blev allt mer sällsynta
på vår gård

När jag nu binder min midsommarbukett
är det av sju främmade individer
gäster från fjärran länder
uppväxta i plantskolans regi.

27

Flottning

Under timmerflottningens storhetstid
flöt miljoner stockar förbi mitt fönster
när jag var liten
drog bogserbåtarna fortfarande
timmerlass längs älven

Ibland kom män med vadarstövlar
och långa båtshakar
de gjorde strandhugg
för att samla ihop
de sista vilsna stockarna

Med åren blev besöken glesare
och allt som finns kvar idag
av flottning och stockar
ligger begravt djupt i leran
på älvens botten.

Åskskuren

Dagen mörknar
över den grå älven
måsen avtecknar sig
som ett vitt streck
mot den svarta himlen

Mina bara ben klibbar fast
mot det mörkgröna galontyget
på farfars kronblomssoffa

Plötsligt ser vi ljuset
vi räknar
ett tusen, två tusen, tre tusen...
mullret får fönsterrutorna att skallar

Dropparna börjar lekfullt
trumma mot fönsterblecket
ökar och ökar
tills takten på plåttaket
blir ett öronbedövande smatter
som dränker alla ljud

Så tystnar allt
ridån dras sakta tillbaka
och solen stiger in på scenen.

Besök

Den svart-vita bilen
rullar nedför backen
jag läser Polis på dörren

Jag tror aldrig tidigare
en polisbil
irrat sig hit ner till oss

Den stannar mitt i backen
poliserna spanar ut mot älven
jag lånar ut min kikare
de stirrar mot isrännan
som två svarta prickar
avtecknar sig älgarna

Någon hade visst ringt
och trott de gått igenom
men det är bara två älgar
på promenad ute på isen
så polisbilen vänder tillbaka
upp för den branta backen
ett sällsynt besök
vid vägens ände
en helt vanlig dag.

Födelsdag

En lång gran
som kvistades
som barkades och torkades
som slipades och målades vit

Varje födelsedag hissade pappa
den gul-blå flaggan
ända upp till den gyllene knoppen

När jag hör hur linan smattrar
mot den vita stammen
tänker jag att åren går
med att årsringarna består.

Tillbakablick

När jag leder cykeln
upp för den branta backen
börjar jag min resa

De gröna böckerna
står i prydliga rader
och orden som fyller mina drömmar
ska jaga bort mig
från idyllen

När jag står med kunskapens frukt
vid nya vägar och broar
som leder ännu längre bort
från barndomens skogar
vill jag bara vända om
gå tillbaka in i tiden
när en brant backe
var mitt största hinder.

www.ingramcontent.com/pod-product-compliance
Lightning Source LLC
Chambersburg PA
CBHW030010040426
42337CB00012BA/729